ともだち　いっぱい

田代しゅうじ 詩集

田代しゅうじ詩集　ともだちいっぱい――目次

Ⅰ〈ともだち〉

Ⅱ 〈おかあさん〉

Ⅲ　〈ふるさとの風〉

装画・さし絵　篠原晴美

I

〈ともだち〉

言葉

自由に
明るく
元気に
君らしく
言葉で話そう
我慢することはない
誰も聞きたいのだ
胸の中にためて悲しむことはない

言葉で話そう
ほら君の言葉で話そう
言葉が聞こえないことほど
悲しいことはない
苦しむことはない
秘めていることがあれば
君の言葉で話そう
君の瞳が
今言葉ではなそうと輝いている
君なら出来る
言葉で話そうよ
悲しみのつまった
胸のうちをはらせ

一年生

春休みの学校
校庭のさくらがさき始めた

さくらがさいたら
一年生が入学してくる
学校はたのしみにまっている

元気な子

やさしい子
いたずらな子
なきむしの子
学校はどんな一年生でも
楽しみにまっているよ
桜の花が
もうすぐまんかいだ

ひとみ

にゅうがくしき
ほら　かがやいている
はじめてみるがっこう
はなに
つつまれたがっこう
おおきなたいいくかん
はじめてみるせんせい
こうちょうせんせい

じぶんのなまえがよばれた
はじめてのきょうしつ
みんなみんな
はじめてのことばかり
みんなみんな
かがやいている
かがやいている
ひとみのおくに
たくさんのともだちができた

きっと

今日はきっとできるようになる
どうしてもできない
鉄棒のさかあがり
がんばろう
がんばろう
ああ　なんてへたなんだろう
何度ちょうせんしても
足をはねあげても

なんど足をはねあげても
足は空をけるばかり
おれの足はなんておもいんだ
今日はきっとできるようになる
ひぐれまでにはできるようになる
手にまめもできた
いつきたのか
突然　校長先生がほいっとおしりをたたいた
あっというまにできた
もう二回やってみた
学校の校庭にはだれもいなかった
できたあのかんかくをわすれないぞ

遠い町

転校
みさきが転校する
お父さんの仕事がおわったら
またもどってくる
みさきは町はずれの
先生の娘
みさきは
もうもどってこないだろうとおもった

まだお父さんは若いし
また転勤になるだろう
手紙を書こう
一日の一日の出来事を
たくさんかこう
勉強も頑張ろう
二人で約束した

遠い時間の向こうに
二人の影が見える

躍動

サッカーボールを
おもいきりキックする
相手ゴールをめざして
ボールはとんでいく
超速球でうなりながら
相手ゴールに飛んでいく
相手ゴールキーパーにも
とめることはできない
いつかそんな選手になって
人をおどろかせたい

ぼくのところにくれば
どんなことがあっても
相手のゴールへむかって
ボールはつきすすむ
誰にもとめられない
夢をみるんだ
一流の選手になって
魔球キック
相手の防衛線を突破する
誰もできないことを
平気で出来る選手に
なりたい
いま僕の夢だ

ある日

ある日突然だった
みんなが
私を変な目で見る
何かがおかしい
何かがおかしい
学校帰りの時
誰もいっしょに帰らなくなった
目をあわせると

みんなの目がそれる
どうしたの
何かあったのと
聞こうとしても誰も教えてくれない
—しね　馬鹿野郎
机の上に一枚の紙がはられていた
—だれがこんなことしたの
死ね　馬鹿　馬鹿
一枚の紙が
たくさんの人の顔になって追いかけてくる

学校はいやだ

弱いものいじめは
人間のくずのすることだ
田舎のおじいちゃんが
教えてくれたことば
もうだまっておれない
少年は正義の味方になると心にきめた
少年は教だんの上に立った
—みんな弱いものいじめはやめようよ

五年一組にいらない言葉
死ね　殺《ころ》す　馬鹿　あーきもい
みんなこんな言葉　ついほうしよう
みんなわかってくれ
おれは正義の味方になる
みんな少年を見た
少年はふるえていたが
これでいじめがなくなればいい
何かがかわる　きっと

おいかけてくる

死ねっ
ころすぞ
きらいだ
ばかだ

思い出すだけでもいやだ
うしろから言葉がおいかけてくる
にげても

にげても
おいかけてくる
こんなことばはなければいいのだ
こんなことば
みんなでつかわないようにしよう
みんなでつかわないようにしよう
心のなかをいつまでもおいかけてくる

ぜったい　ぜったい
いやな言葉

仲直り

友達だった
ずうっと
ずうっと
友達だった

ほんのちいさなことで
けんかになった
ずうっとずうっと

二人で話をすることはなかった

でもでも
二人はやっぱり友達だった
どちらからともなく
どんどん仲良くなった
二人の顔がゆるみ
胸の中にあった氷が解けて
見つめあう二人の顔に
涙があふれてきた

ともだち

今日はいい日だった
心がおどり
言葉がとんで
いい気持だった
一番の友達との出会い
私はうれしかった
友達はうれしかっただろうか
またね

またね
何度も手をふってわかれた
やっぱり友達もうれしかったのだ
きっと
きっと
私は友達を信じる
そして今日の出会いに
感謝しよう

やまびこ少年

おじいさんのふるさとの山に
少年の大好きなやまびこ少年がいる

―おーいげんきかいー
おどろいたように
―おーいげんきかいー
君は何年生になったんだ
―君は何年生になったんだー

僕は五年生になったよう
はずむように
—僕は五年生になったよう—
僕は君が好きだよう
少しおくれてうれしそうに
—僕はきみがすきだよう—
だいすきだよう
—だいすきだよう—

ふるさとの山はおかあさんの胸の中だ

やさしい心で

すきになろう
みんなみんなすきになろう
ほら春の風も吹いているよ
みんなみんなすきになろう
手をにぎろう
君とぼく
あなたとわたし
ほらこんなに
あたたかい血が流れているよ
しっかり手をにぎろう

やさしい心が見えるから
目を見よう
その奥に悲しい心が見えないか
学校への道　そしてかえり道
意地悪する子はいないよね
たのしいたのしい笑顔の道だもの
やさしい心で
みんなみんな　すきになろう

風に乗れ

風が吹いている
そうだ
優しく強い風だ

勇気という強い風だ
少年よ　風の背中に手をかけろ
風はかならず君をつれていく
勇気あふれる強い風の国へ

学校のいじめっこ　吹き飛ばせ
こまった子　涙の子がいたら
勇気の風になって　そっと抱いてやれ
優しい君をいつも
勇気という強い風が見守っている

小さな黄色のランドセル
めそめそするな　がんばれ
元気な笑顔が一番だ

石

光輝く宝石ではない
川原の石
水に洗い磨かれた石
白く乾いた石が好きだ

濁流に流されても
川原の石は
ごろごろごろごろ

流されても
川原にでんと座り
いつも　きらくだ

表面を
まるくして
ごろごろごろごろ
太陽をあびてねむっているのではない
川原の石はそれぞれに座る役割がある
川原の石が好きだ
役割の中に黙って座る石が好きだ

あした

あしたはくる
あしたはかならずくる
太陽がかくじつにのぼる
あしたがきたら
一歩すすんでまえにでる
立ちどまりはなまけになる
あしたは今日よりもあたらしい
あしたの風がふく
川にはあしたの水がながれる

生きている
生きている
あしたにむかって
強い力でまえにむかっていくしかない
胸のなかの希望を
今日よりも
あしたは大きくしよう

友達

みんな友達
いっしょに遊んで
いっしょに勉強して
いつもいっしょに
いつもいっしょに

みんな友達
こまったことがあったら

いっしょに相談し
うれしいことがあったら
いっしょによろこんで

みんな友達
わからないことがあったら
みんなで考え
おもいものはみんなではこび

みんな友達
一人じゃないよ
みんなではげましあい
なかよく手をとりあって

みんな力をあわせよう
みんな友達
みんな友達

ぬくもり

ほらみんなの手
こんなにあたたかい
にぎってごらん
きみとぼく
あなたとわたし
ほらこんなにあたたかい
血が
こんこんとながれている

この血はどこから流れているか
みんなしっているかい
遠い遠い祖先の命の血が
おじいさん
おばあさん
から
おとうさん
おかあさん
そしてみんなの命へ
流れているんだよ
みんなで
手に手をにぎりあって

優しい言葉をかけよう
おとうさん
おかあさん
が
大事に
育ててくれたみんなの命
にぎりあったとき
あたたかいと思う心があればいい
優しい心で見つめよう
見つめあったひとみに
かなしい心が見えないか
悲しい心が見えたら
励ましあい

心を開いて話そう

この素晴らしい世界に
生まれてきたのだから
悲しみは
みんなでなくしよう

ほんとうにこまっていたら
だれかに話そう
一人じゃないよ
みんなが
みんなが
力になってくれるから

人間
みんな
みんな
すきになろう

待てよ

待てよ
待てよ
まよったら立ち止まろう
しっかり見つめよう

待てよ
待てよ
急ぐことはない
たしかなぬくもりがあったら

待てよ
待てよ
勇気をもって話そう
君のことがはじめてわかるんだ

待てよ
待てよ
人間が人間に話そう
ほら笑顔がうまれてきた

待てよ
待てよ

ほら
あたたかい体の中に
命がおどっている
一生懸命におどっている

待てよ
待てよ
優しい心が体をつつんでいる
語り合おう
明日を

心をひらいて

みんなで大事なときに
みんなの力になろう
こまった顔
かなしい顔
くるしい顔
みんな大事なときに
だれかの力になろう
せっかく

この星に生まれてきたのだから
明るく
楽しく
元気でいたい
こまったら
かなしいことがあったら
くるしいことがあったら
心を開いて語ろう
大事なときにだれかの力になろう

ありがとう

何を送ることが出来るだろうか
こころだろう
誰にもない私だけのこころを
おくりたい
私は年老いて歩く力もない
だが人を思うきもちは誰にも負けない
あげるものはなにもない
若い若い

君たちにはいただくばかりだ
私にない君たちの元気だ
カラカラと声をたて
笑う笑顔だ
新鮮なやさしさ
ていねいなあいさつ
君たちにはもらうばかりだ
私にはあげるものがなにもない

どこかで

人はいろいろと
他人の力で助けられることがある
人はいろいろと他人の世話になる

どこかで
いつ誰に
どんなことで
お世話になるかわからない

かぞえても
かぞえても
数え切れないほどお世話になっている
ありがたい
ありがとうございます
たくさんのひとに
おれいをいうしかない
生きている
生きている
いつかだれかのためになろう

思い

燃える
心が燃える
夢にむかって胸が躍る
その心は少年だ
時を無駄にしないで
今は前にむかって力強く歩こう
目をしっかり開いて
見据えていこう

夢が遠くにいかないように
心が燃えていると
大きな希望がわいてくる
必ず必ず
私はその夢を形にする

夢がかなったら
遠い故郷の山の
山彦少年に伝えに行こう

卒業

君たちは
今
大きな海に船出した
大きな海だ
君たちの
命をのせて船出した
この海
波が荒れても
君たちの夢だけは

しっかり抱いてはなすなよ
自分の夢だ
大きな海に小さな命
あらしの日もやってくる
静かな波の日もある
恐れることはない
勇気を持って
夢をしっかり抱いて
広い大きな海に
だかれて
生きるがいい
大事なことは心だ
大いなる心で進むがよい

二十九人の夢

おめでとう
小学校六年生が卒業をむかえた
卒業生のしおりに
二十九人の夢をかいた
名前を呼ばれて
校長先生から卒業証書をうけとる
卒業生のしおりに名前と夢をかさねる
サッカー選手になりたい君

パテシエになりたいあなた
薬剤師になって病気に苦しむ人を
助けたい君
野球選手になって有名になりたい君
消防士になって災害に困る人を助けたい君
二十九人の夢
やさしいね
やさしいね

みんな精いっぱいにがんばろう
夢をしっかりだいて
歩こう
こつこつと歩こう

そして前に進もう
いつか
君たちを大輪の花がつつんでくれる
きっと
きっと
君たちの背中が
大きく大きく見えてくる

Ⅱ

〈おかあさん〉

命がさきだ

命のたんじょう
やっぱり
命がさきだ
心はそっとそのあと
命にたどりついていく
やさしいおかあさんのように
命をそっとつつむのだ

命と心と
心と命は
それからずっとずっと
はなれることなく
命のあるかぎり
心はやさしくよりそっていく

うれしいことも　かなしいことも
命と心は
ずっといっしょにあるいていく

血流

私は生きている
たしかに生きている
ただ
ぽつんと生きているのではない
遠い祖先の血が
ここに流れている
この命大事にせねば
大事にすることは

ただ命を守るだけではない
大地をしっかりふみしめて
明日を見つめて人に恥じない
実のある生き方をすることだ
心をみがき
人生に意義のある生きかたを
しなければならない
そして
明日をしっかりみつめて
生きることだ

生きている

生きている
生きている
生きている
大きく深呼吸をして
青空を見上げる
白い雲がながれている
見渡せば桜も咲き
タンポポも咲き

野には草や木がみどりにしげる
生きている
生きている
生きている
鳥が鳴く
人々の笑顔があふれる
こんにちは
こんにちは
みんな笑顔でこたえている
生きている
生きている
生きている
みんな元気に

明日にむかって夢を持って生きている
生きている
生きている
みんなが暖かい心を持って生きている
心と心を
つないで生きている
この星に生まれ
みんな手に手をとって生きている
明日にむかって
力いっぱいがんばる
生きている
生きている

そばにいる

一人じゃない
一人じゃない
まわりにきっとだれかいる
くるしかったら
かなしかったら
うれしかったら
おもいきってだれかにはなそう
きっとだれかがわかってくれる

きっとだれかがわかってくれる
そらのかなたに
青空がひろがり
さわやかな風がふいてくる

一人じゃない
一人じゃない
困ることがあったら
泣きたくなったら
声にだしてかたってほしい
みんなまっている

一人じゃない

一人じゃない
あの広い空に
夕焼け雲が流れているよ
涙をふいてかたろうよ

こころ

こころはどこにあるの
ここよ
ここよ
と
むねをたたくひとがいる
あのひとはここがいいのよ
あのひとはここがあったかいのよ
と

むねをたたくひとがいる
こころはどこにあるの

ほんとうはよくみえるんだよ
みんなのこころ
ことばや
おこないや
よろこびや
かなしみや
そのひとの
がんばりや
おもいやり
いろいろなところに

こころのかおがみえるんだよ
こころは
そう　きみのからだをつつんでいる
そう　あなたのからだをつつんでいる

水車

雨の中
くちなしの花が重なりあって
咲いている
甘いかおりをふりまいて

雨の中でも
庭には遊び場がいっぱい
川を作り

笹船を浮かべて

うれしかったのは
庭におりてきたおかあさんが
くちなしの花で
小さな流れに
水車をつくってくれたこと
白い水車がくるくるまわって

私の心のなか
今もまわりつづけている

母の日に

母の日だといっても
母に何一つあげられない
五年生のぼくには
母のためになにもできない

母にいったら笑われそうで
きっと
母は笑顔をみせながら

―おおきにね

その気持だけでよか

その優しか心があればよか

山の中の母の日は

母の喜ぶことを一つ

母にだまって

畑の草取りをした

母の喜ぶ顔がうかんできて

力がどんどんわいてきた

夕焼け

おかあさん
あの一匹の赤とんぼ
ほんとうにおとうさんだったの

夕焼けが
稲を刈る一日を追いかけてくる
早くしないと日がくれるよ　と

赤トンボが群れて飛んでいた
その中の一匹が
お母さんの肩や頭につかまってはなれない
ほかの赤トンボは群れて
飛んでいるだけなのに

—おかあさん　不思議だね
　どうして赤とんぼははなれないのー
—きっと　おとうさんよ
　稲刈りがしっかりおわったか
　心配して飛んできたのよー

赤とんぼ飛んでこい

飛んでこい
飛んでこい
僕のうでにとまっておくれ

春

昭和二十四年三月二十四日午後３時
この日に父は死んだ
六年生を卒業した春休み
少年は
あの日を忘れない
あの時　急に眠くなった
起きているのがたまらない
家の中はどこにでも寝る部屋はあるのに

弟妹三人を連れて牛小屋にいった
牛の飯切のなかにもぐった
切った藁の匂いが今でものこっている
大きな丸太をくりぬいた飯切の中に
はいったとたん
母屋のほうから少年を呼ぶ
母の悲痛な呼び声
父の枕元にいくと
父は空に向かい指文字を書いていた
母が少年の手を父に握らせると
父は少年の手をしっかりにぎった
そのときだった
がくんと

おもい命の糸がきれた
あの日を忘れない
声も形もそのままに
心の中に一枚の写真がある

赤とんぼ

あの頃
もう七十年も前のこと
さつまの雑貨屋さんでのこと
せまい本や雑誌の置場に
―赤とんぼ―
があった
手にとって雑誌の表紙をみた
胸にせまってくる

―赤とんぼ―
のやさしさ
表紙のいろ
めくるページの絵
言葉
戦争で荒れ果てた砂漠に
オアシスを発見した旅人のように
その雑誌がほしかった
雑誌は買いたいが
国民学校二年生の小遣銭ではだめだった
本屋さんに何度もいく
買えなくて雑誌を何度も棚にもどす
誰かが買っていかないか心配でたまらない

母はそげな高い雑誌はだめだ
父はそげんほしかなら買えという
米も自由にかうことのできないころ
私がはじめて買い求めた雑誌
それが
―赤とんぼ―
だった
ゆっくり大事にページを開く
読んでいくが
むつかしいところが多くて
よく読めなかった

時間をかけて読んだ

その一冊を何年も何年も大事に読んだ
何かが　ずっと私をつつんでいた

◎赤とんぼ＝戦後すぐに出版された子ども向けの雑誌。昭和二十一年四月〜昭和二十三年十月まで実業之日本社から発行された。全三十一冊、平均六十四頁。童謡詩人で編集者・藤田圭雄の企画により、川端康成、岸田国士らの支援で刊行される。二〇一〇年に大空社より複刻版が全三十一冊と別巻一冊にて発行されている。

さかな

大きなさかなは買えなかった
たくさんのさかなは買えなかった
親子四人でいわしが二匹
食卓に焼いたいわしが二匹
おかあさんのさかながない
—おかあさんはいいの
　いままでに
たくさんたべてきたから—

月に一度の焼き魚
おかあさんは骨や頭がすきなの
おかあさんは骨や頭が大好きだよ
親子五人で食べるいわしはうまかった

今も残る丸い食卓の
向こうに座る少年が
―いわしはあたまからしっかりたべて
　骨はのこすなよ―

あの少年は
遠い日のわたしだ

忘れない

ひとはたくさんの人に
助けられて生きている
少年の日
母は茶屋のとみちゃんに
―こんとを貸してくいやんせ
　あとでじぇんのもってきもんで―
とみちゃんは気持よく
お金のない母の苦しみを知り

―はいはい持っていきゃんせ
　じぇんなあるときでよかんが―
母の影でその言葉を聞いたことがあった
あの時はかなしかった
でも　心の中で
とみちゃんありがとう
と　いっていた
そんなことが
私の生きてきた人生にも
幾度もあった

◎こんとを＝これを
◎じぇん＝お金のこと

ぬっか

ぬっか　ぬっか
そっとにぎってくれた
おかあさんの手
ざらざら　ざらざら
たくさんはたらいた
おかあさんの手
ほかほか　ほかほか
やわらかい
おかあさんの手

はたけではたらき
かまでくさもかる
かわでやさいもあらう
おかあさんの手
ねつがでたとき
そっとひたいにのせてくれた
おかあさんの手
ぬっか　ぬっか
ざらざら　ざらざら
ほかほか　ほかほか
ぬっか　ぬっか
やわらかい
おかあさんの手

◎ぬっか＝あたたかい

あくまき

遠い遠い空のかなたに
流れていったお星さま
きらきら輝くお星さまに
おかあさんあなたをみます

あれはもう五十年も前の
五月のことです
あなたが

鹿児島から送ってくれた
あくまき
まだクール宅急便もなかったのでしょうね
あっても鹿児島の山のなかでは
知るよしもなし
着いた荷物を
上京したばかりの弟と二人で
荷物を解く
中からかびだらけの
あくまきがでてきた
弟が泣いた
兄が泣いた
田舎の庭に作った

大きなかまどのけむるなかで
涙をふきながら
五時間も立ちつくして
ゆでつづけたおかあさんを思う
くやしかった
せっかくせっかく
おかあさんがおくってくれたのに
—きっと東京にいる
子供たちが喜んでくれる—
きっとそんな思いでつくった
おかあさん
弟も
兄も泣いた

遠い遠い空の彼方
きらきら輝くお星さま
きっとおかあさんだよね

扉の向こう

介護の母に会いにいくのは
半年に一度か一年に一度
母は
弟たちの家族にまもられて
町の介護施設にいた
お見舞いに行くと
口は不自由だったが
力づよく手をにぎってくれた

うれしかった
—おかあさん
あったかいよおかあさんの手—
母は目がかがやいていた
もう今日は東京にかえるため
最後の面会にいくと
母の顔がくもる
時計をみると
わずかに動く手を挙げて
早くいけはやくいけ
と
手をふる
—おかあさんがんばってね—

別れをつげて
入口の扉の前にたつと
入口のベッドのおばさんが
—あんたがこの扉を出ると
おかあさんが大きな声でなくとよ
いつまでも
ぐらしかよー
私はハッとした
母はあんなに強気に
行け行けと手をふっていたのに
私は扉を開けて廊下に出た
足が廊下にくぎづけになった

おかあさんがんばって
おかあさんがんばって
私はせいいっぱい
胸の中で叫んでいた

◎ぐらしか＝かわいそう

おかあさん　どちらへ

おかあさん
おかあさん

眠りつづけるおかあさん
今あなたはどんな夢をみていますか
おかあさんと呼ばしてくれるだけで
それだけでいいんです

おかあさん
おかあさん
秋晴れの空に
白い煙になってどこにいったの
おかあさん
おかあさん

通りやんせ

通りやんせ
通りやんせ
どうかこの道を通して下さい
優しかった
おかあさんを通して下さいな
おかあさん
ゆっくり

ゆっくり歩いて下さい
天国への道
優しかった
おかあさんが歩いて行く道
日暮れが追いかけてきます
どうぞこの道通りやんせ

通りやんせ
通りやんせ
夕焼け空の
輝く星になって
きらきら
きらきら

優しい笑顔を見せて下さい

さあさあ
どうぞこの道
通りやんせ
通りやんせ

お母さん

季節が変わり
年が変わり
新しい年を迎えました
おかあさんいつまでも忘れません
どんなに貧しくてもきれいな心を大事にね
少年の日
繰り返し話してくれた言葉
山仕事にはいていたお母さんの地下足袋

かかとが切れて赤いあかぎれが
痛そうだった
お母さんはそれでも笑顔だった

お母さん
僕は遠い少年の日を忘れない
お母さん
薩摩のふるさとの大地に眠る
お母さん

一生懸命

一生懸命がいい
だらしがないとか
うそをつくなとか
一生懸命がいい
まじめに生きてほしい
頑張る心が大事と
一生懸命がいい
何事も

何事も
一生懸命がいい
運動会でどんけつでも
勉強がびりでも
まじめに生きること
おかあさん
そういって励ましてくれましたね
おかあさん
ありがとう

流れ星

空を見上げる
ふるさとの空を見上げる
星がふりそそぐ
こぼさないように
両手を広げる
長い月日をへて
見上げるふるさとの空には
遠い日の空がある

星を見て
あの日　お母さんは
おとうさんは星になって
みんなを守ってくれているんだよ
と
話してくれた
お母さんも
澄んだ空の星になりましたね
見えていますか
ぼくたちが
流れ星がすうと流れて
胸の中に落ちてきた

Ⅲ　〈ふるさとの風〉

命あるものに

すべての命あるものに
心がある
やわらかな心がある

空を飛ぶ鳥にも
軒下のつばめにも
山にさえずるひよどりも
優しい心がある

花を咲かせ
高い匂いをはなつさぼてんにも
恋する優しい心がある

みかんに卵をうむ
あげはちょうも
ブドウに飛んでくるコガネムシにも
みんな心がある
この星に生きるすべてのものに心がある

みつばち

どこから飛んできたのだろう
冬に咲くビワの花
もう昆虫の姿をみることはないのに
一匹のみつばちが
花の命をつなぐため
花から花へ
花から花へ
いそがしそうに飛んでいる

ビワの花たちが
みつばちをよんでいる
こちらにもきて
ここにもきて
短い冬の日を
一匹のみつばちが
ビワの花粉を金色にまとって
きっと来年の麦のうれるころ
金色の甘いビワの実のうれることを
信じて飛ぶ

ほたる

この村のほたるは
ほたるのうたをしらない
ほたるを呼ぶ
子供たちもいない
ほたるを見る子供も
もういない

ほたるの光が

柱のようになって
川面に舞い上がる
ほたるはどこにも
行かずに川面に舞いあがる
まぶしく輝き

ふるさとの夜
縁側にほたるが舞い込んできた
思いきり大きな声で
夜空にこだまするほど
ほたるのうたをうたってやった

どこかに

どこに行こうか
目的地をきめないで歩いてみたい
春には春の花をかぞえて
夏には清水流れる沢道を歩いて
秋には山栗の稔る丘の上を歩いて
冬には鹿の啼く山を歩いたり
どこに行こう
どこと目的をきめないで

気がむくままに歩いてみたい
どこかと考えているうちに
もう明日になるかもしれない
歩けるときに歩こう
きっと
故郷に続く道があるかもしれない

春

さつまの春は
川端やなぎが
背中に子猫をつれてやってくる

田んぼじゃ
田の神様が
—おーい　おきろや
仕事はじめじゃー

田んぼをおこしてござる
梅の香りの中で田の神様祭り
餅ついて
芹のよごしをご馳走に
歌っておどって
田の神様もごきげんじゃ

ふるさとは
今年も豊年満作じゃ

こだま

五月のふるさと
風がふいてくる
あくまきを炊くかまどの匂いをのせて
緑の山々にだかれたぼくのふるさと
山にむかっておおーいと呼んでみる
山からおおーいとかえってくる
山彦少年は今も元気だ
霧島連山にのぼる

青空にちぎれて浮かぶ白い雲
山の頂きはみやまきりしまの花
花　花
両手をいっぱいに広げて迎えてくれる
花　花　花
ああ　我がふるさとよ
いつかまた　あの花の頃に
あなたの大きな両手に抱かれたい

あの道

あの道を通ると
いつも思い出す
優しかったおじさん
父をなくした少年に
必ず声をかけてくれた
—きばれよ
　　しっかりきばれよ—
おじさんのことばはいつも同じだった

おじさんのことばがうれしかった

あのおじさんは
ずうとずうと遠いところへ
あの道を通っても
もうあのおじさんに出会えないが
曲がり角の大きな石垣は
昔のままに青くひかっている
あの道を通ると
おじさんの声が聞こえる

命はどこからはじまるの

模造紙に書いてみた
ぼくは
お父さんとお母さんがいて生まれた
お父さんにもお母さんにも
お父さんとお母さんがいた
つまりおじいちゃんとおばあちゃんだ
おじいちゃんとおばあちゃんにも
お父さんとお母さんがいた

大きな模造紙に
お父さんのお父さんとお母さん
お母さんのお父さんとお母さん
と
どんどん書いてみた
広い模造紙いっぱいになった
花火のようにひろがって
模造紙からはみだした
どれだけの人の命をながれてきたのか
計算してみた
模造紙にもう書ききれない
大宇宙のできごとだ

沖縄の遺跡には
三万二千年前の人間の
暮らしが発見される
人の命は遠く遠く
高い高いところから流れていることに
命の重さを思う

人間誕生
どこで尻尾がとれたのか
遠い遠い
命の誕生に思う

少年たちの八月十三日

――盆がら飯――

夕方になれば迎え火がどこの家にもともる
少年たちは村の大杉の下にあつまる
盆がらめしを炊くためだ
黒ジョカ（黒いきゅうす）で飯を炊く
小石を並べてかまどを作る
少年たちは競いあって出来たかまどに
ちょろちょろ火が燃える

ごはんは柿の葉っぱに盛る
自分の茶碗と仏さんの茶碗
柿の葉っぱは二枚ずつ
仏さんのご飯は野の草の上にそっと置く

盆がら飯は幼くして亡くなった子供たちへの
ご馳走だ
腹いっぱいくうてくんやんせ（ください）
少年たちがそなえた盆がら飯に
幼い仏さんがよろよろ
よろよろ歩いてござる
大勢歩いてござる

「たんと食うて仏さんと相撲じゃ」
少年たちは広場に土俵を書く

一番年上の信ちゃんがはじめにとる
信ちゃんは見えない仏さんとむき合って
しっかり四股を踏む
「押して押してオットットト力が強か」
仏さんをしっかりほめて
ごろんと横になり、相撲に負ける
少年の番だ
「仏さんには負けんど（負けないよ）」
少年は力一杯押して押して
押され押されて土俵の外に出る

少年たちは仏さんが満足されるまで遊ぶ
八月十三日はさつまの少年たちの
盆遊び

山の秋

紅葉につつまれた筑波山
みどりの針葉樹
あかく染まる落葉樹
はっきり分かれて季節をむかえている
落葉樹の数々が燃えて
祭りの頂点になっている
木々のねっこには
どんぐりや木の実が

はしゃぎつかれたように
ごろごろ横になっている
みんな静かな寝顔が見える
くぬぎ林で
私も木になってすわっていると
小鳥がつぎつぎと私の肩に頭にとまる
静かな時がながれていく

秋

もう夏には戻らない
空を流れる雲
雲の中に見える青空
田んぼは黄金色のなみがうち
風に音がある
遠くに富士山
振り向いて日光男体山
関東の山々が姿をみせてくれる

ふるさとの山々にも
栗やあけびがうれて
田んぼには稲穂が
黄金の波を打つだろう

ああ私は今生きている
大きな声で
誰かを呼びたい

ねこ詩人

あるじの詩人がパソコンにむかって
詩を創っていると
飼い猫がやってくる
ぴょこんと机に飛びのると
いきなりパソコンの上で
四本の足で器用に詩をかきはじめる
あるじの詩人は
指一本でやっと文字化しているというのに

飼い猫は　あるじにむかって
あなたの詩は
実に熱っぽいけど少々おセンチですね　と
批評家めいてのたまう
どうかね　僕の詩は
いばって　飼い猫は聞く
とても　格調の高い詩だと思う　と
才能のとぼしいあるじは
ちいさな声でつぶやく

口ひげを　ぴーんと伸ばして　猫は
パソコンをたたきながら　ニャーンと
あるじを見上げる

ふほう

どうしてそんなに
先を急ぐのだろうか

あの中学三年生の夏
照りつける山に
造林地の下払いのバイトにいった
大きな造林ガマは
一振り振るたびに

体が振り回される

足場の悪い傾斜地で
一生懸命に振り回した造林ガマ
蜂の巣をこわせば
一日何度も足長蜂にさされた
あの夏山手入れのアルバイト
苦しさを笑顔で
吹き飛ばしてくれたふみちゃん
どうしてそんなに先を急ぐのだろう
―はなつむ野辺に日はおちて
　みんなで肩をくみあって―
歌をうたって励まし合った日々もあった

蕎麦屋のまこちゃん

蕎麦屋のまこちゃんが亡くなった
いつもにこにこ
エプロンにてんぷら粉をつけて
私のてんぷらは美味いんだ
と　自信をもっていた
遠慮がちに見せる筑波山の絵
筑波山の絵を一年に一枚
仕上げていた
年賀状には

秋を迎えた柔らかな筑波山が描いてあった
国道旧一二五号線に面した
しまむら蕎麦屋は
筑波の山麓にある
蕎麦屋の裏にまこちゃんのアトリエがある
これからも筑波山を描きたいといっていた
遺影を見ていたら
筑波山はなくならないからあの世で
いつまでも描いていきますよ
と　いっているようだった
あなたがえがく
やわらかな筑波山
いつまでも描いてほしい

夏の夜

夏の夜
少年たちはたしかに見た
あまりにも不思議なできごとに
三人とも声がでなかった
三人は同じ時間にほとんど同じように
見たはずなのに一人ひとりで見ていたのだ

あれは太鼓踊りの稽古がおわって

茶屋の前までかえってきたときだった
九時をほんの少しすぎていた
光ちゃんとさあちゃんと少年の三人でみた

空には星が輝いていた
しかしそれは流れ星ではない
こんなに低いところを飛ぶはずがない
三人は約束したかのように
流れていく光を目で追っていた

茶屋の前にある墓の上から内田の墓のほうに
丸い火の玉が長い尾をひいて
上に下にゆっくりゆれながら飛んでいた

―ひとだまだ―
さあちゃんがつぶやくようにいった
光ちゃんと少年は
―うんーといった
三人の足は大地に吸い付けられていた

流れて浮いて
浮いて流れて
人魂は二キロ先の内田の墓の上できえた
それはゆっくりのようで
一瞬のようで
少年は冷たい氷に巻き付けられていた
すぐには動けなかった

三人は無言だった
それぞれの家路につく
たまらない寂しさが無言にしていた

命の道

人間
どれだけ生きられるか
誰もしらない
若い人が長生きして
年寄りが先に死ぬと思っている
しかし誰もわからない
―今日も明日も無事でありますように―
と　いのりながら

若い人も年寄りも
希望を持って生きている
希望を持てることがどんなに幸せか
ずっと向こうに
人生の先々は何も見えないが
希望という光にむかって
力強く生きていくしかない
人間はどれだけ生きられるか
深い海に
おぼれないように生きたい

方言

みんな方言でかたろう
ふるさとの人ばっかり
一年に一度のふるさと会
おもいきり方言でかたりもそ
よかが
よかが
こげんうれしこたなか
はんも

おいも
よかがよかが
みんなないでんかたらんけ
よかが
よかが
やまいもをほらんなよか
よかが
よかが
みんなかごしまじゃ
みんなよかひとじゃ
よかが
よかが
他人のわるぐちやいわんほうがよか

他人のこつもいわんことじゃ
よかが
よかが
方言なよか
方言なよか

ないでん＝何でも
やまいもをほらんな＝酒を飲んでくだをまくこと
いわん＝云わないこと

ふるさとの風

風が吹いてくる
みのる稲穂の黄金の音をさせ
あけびの匂いを包んでくる風
風の中
立ちつくす私に
ふるさとの風をはらいっぺすうていけ
ふるさとをはらいっぺくうていっきやん

太鼓橋をわたってかえってくる
子供たち
学校からもどったら
おいげへ遊びこんけ
こねがきがうんまかでちぎいが
ほんなら　もどったら　いっきいくが
子供たちの途切れない会話
はいごろついけ　いかんけ
こんつぎいくが　こんだやっせん
風の中を帰る子供たち
柿がうまかといった少年
はいごろ釣りにいこうといった少年
ふるさとは

昔も今も
遊びがいっぱいだ

おいげ＝私の家に
こんけ＝きてくださいよ
こねがき＝甘柿
いっきいく＝すぐいくが
はいごろついけ＝はやつりに
いかんけ＝いきませんか
こんだ＝今回は
やっせん＝だめだ都合が悪い

秋

秋は静かに
振り返るときだ
歩いてきた一年であったり
長く生きてきた人生であったり
ほんのきのうのことであったり

誰かが呼ぶような気がしたので
振り返り立ちどまると

尾花が静かにゆれていた

はらはらと落ちる木の葉に
足を止められて振り向くと
遠い遠い少年の頃
友達と歩いた故郷の山を思い出させる

秋は静かに振り返るといい
風が何もかも包んでくれる

時には

過ぎ去る時間の中に
素晴らしい出来事があったり
忘れる事のできないことがあったり
過ぎ去った時間を悲しまず
また明日にむかって
がんばって
がんばって
いい思い出を心に残そう
みんなに喜んでもらえるように

そんな働きをすればいいと思う
無限にありそうで
無限にない時間
今
ただがんばる
明日にむかって
いい思い出のつくれる
時間のために
明日にむかって歩こう

虹

夕方の虹
今日一日のご褒美を
もらったようにうれしい
北から南に
見事な半円になって
きれいな虹を見た

虹の下には

幸せがあるという
どう見ても
我が家は虹の下にない

でも
虹を見ているだけで幸せだ
鮮やかな七色の虹
やっぱり今日のご褒美だ

あとがき

生きたい
もっと生きたい
いつまでも元気で生きたい
笑顔で生きたい
皆さんといっしょに生きたい

日頃から頭の中から離れない〝命と心〟をテーマに、いろいろと詩を書きたいと思いつづけてきました。

私は地域の皆さんと一緒に、登校する子どもたちを見守る活動を続けてきました。毎朝はつらつと登校する子どもたちを見ながら子どもたちから元気をいただき、感謝しております。今後も力の限り子どもたちの健やかな明日を見つめていきたいと思います。

この詩集が子どもたちをはじめ、読み手の皆さんの心に届いてくれればと願っております。

詩集の編集にあたり御助力頂いた菊永謙氏、詩集に素晴らしいさし絵を添えて下さった画家の篠原晴美様、出版にあたりいろいろとお世話になりました四季の森社の皆さんに、心から感謝申しあげます。

二〇一七年二月

田代しゅうじ

著者　田代《たしろ》しゅうじ（本名　田代修二）
一九三七年　鹿児島県薩摩川内市樋脇町市比野に生まれる。
一九八二年「少年と海」「ねこと少年」で第二回児童文化の会童詩童謡賞、「おじいさんのたばこ売り」で児童文化の会創立三十周年記念・児童文化の会童詩童謡賞受賞、詩集『少年と海』で第十六回埼玉文芸賞を受賞。
主な著書　詩集『少年と海』（けやき書房）『野にある神様』（てらいんく）ほかに『ふるさとの民話』『現代おばけ民話』など共著多数。詩誌『みみずく』同人。
現住所　〒３０２―００２１
　茨城県取手市寺田三八九九ノ四

絵　篠原晴美（しのはらはれみ）
神奈川県に生まれる。
木版画家（水性木版画で作品を作る）
主な受賞歴　２０００、２００１、２００３、２００６年ボローニャ国際絵本原画展入選、２０００年フランスFigures Futur 2000（児童書ブックフェアー）入選。
詩集『いつか会った風に』（四季の森社）の装画をはじめ、童謡絵本や児童文学雑誌の表紙、挿画など多数。グループ展活動も精力的に行っている。

田代しゅうじ詩集　ともだちいっぱい

2017年3月19日　第一版第一刷発行

著　者　田代しゅうじ
　絵　篠原晴美
発行者　入江真理子
発行所　四季の森社
〒195-0073　東京都町田市薬師台2-21-5
電話　042-810-3868　FAX 042-810-3868
E-mail: sikinomorisya@gmail.com
印刷所　シナノ書籍印刷株式会社

ISBN978-4-905036-15-9 C0092